ÉLOGE

DE M. DE THOU,

PAR M. J. G. E. O'EGGER,

ANCIEN PROFESSEUR DE PHILOSOPHIE,
PREMIER VICAIRE DÉMISSIONNAIRE DE LA CATHÉDRALE
DE PARIS.

Vera loqui si vis, disce cruenta pati.

PARIS,
HENRY SERVIER, LIBRAIRE,
rue de l'Oratoire, n° 6.

1827.

Ln 27/19610

ÉLOGE

DE

M. DE THOU.

IMPRIMERIE DE J. M. EBERHART,
rue du Foin-Saint-Jacques.

ÉLOGE

DE M. DE THOU,

PROPOSÉ

PAR L'ACADÉMIE-FRANÇAISE

pour le

PRIX D'ÉLOQUENCE

EN 1824.

Vera loqui si vis, disce cruenta pati.

PARIS,

HENRY SERVIER, LIBRAIRE,
Rue de l'Oratoire, n° 6.

1827.

AVERTISSEMENT.

C'est, dans ce moment, une singulière position que celle d'un Ecclésiastique dont la manière de voir diffère tant soit peu de celle qui est à l'ordre du jour. Mille petites difficultés viennent incessamment traverser ses desseins. Ses meilleurs amis ne peuvent plus le servir selon leurs souhaits.

Déjà en 1824, un de messieurs les Chanoines de la cathédrale m'ayant offert ses services empressés, s'était chargé de remettre lui-même l'Éloge qu'on va lire, entre les mains de M. le Secrétaire perpétuel de l'Académie, dont il était particulièrement connu : mais quelle fut ma surprise, au retour d'un voyage, de voir entrer chez moi ce même chanoine, tenant

en main mon manuscrit, et s'excusant sur
l'impossibilité qu'il avait éprouvée de le
faire entrer au concours!

Toutefois, ce contre-temps d'alors me
fournit aujourd'hui l'occasion simple et facile de faire apprécier ma véritable position, et de répéter, peut-être au déplaisir
de certaines personnes, ce que j'ai déjà
déclaré dans les feuilles publiques il y a
trois mois, et ce qui est consigné d'une
manière formelle dans mon Manuel de Religion et de Morale (*), que c'est bien ma
*propre conscience, sans aucun motif tem-
porel, sans aucune considération humaine,* qui m'a fait renoncer aux fonctions

---

(1). Cet ouvrage, qui est sous presse, aurait déjà
dû paraître. Si contre mon attente, et par une *influence quelconque,* son impression éprouvait de
nouveaux retards, je ferais alors insérer dans les
journaux un article dans lequel je m'expliquerais
encore plus clairement que je ne fais dans la pré-
face que j'y ai jointe.

ecclésiastiques que je remplissais depuis sept années sous les yeux mêmes de Monseigneur l'Archevêque, et que c'est de ma *pleine et libre volonté* que j'ai donné ma démission à sa Grandeur.

Dans cet éloge de M. de Thou, que je livrerai au public tel que je l'ai composé dans le temps, malgré tous les défauts que j'y ai reconnus depuis, mon intention était moins de faire un discours académique que de peindre un *magistrat* et un *chrétien parfaits*, dont M. de Thou me paraît le type le plus heureux. J'y ai par conséquent fait entrer tout naturellement mes principales idées en morale et en religion; et le lecteur se verra parfaitement en état d'apprécier ma conduite.

J'ajouterai seulement ici que dans la Note où je parle d'exécutions *secrètes*, j'entends, non des usages barbares, mais des exécutions qui se feraient dans une cour, à peu près devant le même nombre de personnes qui assistent aux débats, afin d'éviter à la capitale un spectacle horrible, qui ne peut que faire du mal aux femmes et aux enfans, et donner des *manies* aux têtes faibles. Quant à l'idée que je manifeste dans la Note trente-huitième, touchant des explications de notre Charte constitutionnelle, il est inutile, je pense, de faire remarquer au lecteur que j'entends que ce travail ne peut se faire que par le *concours des pouvoirs légitimes* et agissant avec une *pleine liberté.*

Paris, ce 15 mars 1827.

O'EGGER,

Ancien Professeur de philosophie,
Premier - Vicaire démissionnaire
de la Cathédrale de Paris.

ÉLOGE

DE

M. DE THOU.

———

Quòd si exemeris ex naturâ rerum b enevolentiæ con-
junctionem , nec domus ulla nec urbs stare poterit,
ne agri quidem cultus permanebit. (*Cicero, de Ami-
citiâ.*)

Il se rencontre dans l'histoire, des noms qui
doivent demeurer *sans épithète*, et qu'il suffit
de *prononcer,* pour porter à l'âme tous les
sentiments sublimes. Tel paraît, Messieurs,
dans les fastes de la France, le Nom qui doit
faire le sujet de ce discours. Il s'y rattache
des souvenirs, que les *grandes âmes* n'en sé-
parent jamais.

L'Académie-Française a jugé qu'il renfer-
mait un éloge tout entier! Et unissant, selon sa
louable coutume, les intérêts de la Morale à
ceux de la Littérature, elle s'est rappelé, que

s'il est encore *possible*, de réveiller l'enthou-
siasme de la vertu, dans des âmes qui tiennent
l'égoïsme comme par héritage; le souvenir de
M. de Thou le réveillera!

Traçons donc, avec les couleurs conve-
nables, le portrait de ce Romain des temps
modernes; et, admirons, du moins, un homme
que nous n'avons plus le courage d'imiter.

Ici, je dois, à la vérité, me dire : Qui es-tu,
pour élever la voix dans une circonstance
aussi solennelle, où le sujet paraît aussi impo-
sant que l'auditoire? Quels sont tes titres pour
parler de tant de vertus mâles et vigoureuses,
et où sont tes talents pour en parler digne-
ment? =

Mais, Messieurs, faudrait-il tant de talents
pour faire l'éloge d'un grand homme? et la
vertu par elle-même, ne serait-elle pas toujours sublime? =

Pour louer un héros ordinaire, il faut mettre
en jeu, je le sais, tous les ressorts de l'art, dé-
ployer toutes les richesses de l'éloquence. Mais
ici, la diction doit suivre la pensée comme son
ombre; et la grandeur du sujet doit me tenir
lieu de talents! = En taillant un *colosse*, l'ar-
tiste *néglige* un poli trop délicat, et le cri de la
lime ne se fait point entendre. Je tracerai donc
ce caractère sublime, avec une simplicité digne

de lui : Malheur à moi, si je ne me sens pas élevé un peu au-dessus de moi-même, en faisant l'Éloge de M. de Thou! = devant l'Académie-Française! =

Un défaut assez naturel aux orateurs qui entreprennent un éloge, c'est d'élever quelquefois leur héros à une trop grande hauteur, et de lui assigner, parmi les grands hommes, une place qu'il n'a point méritée. = Je n'ai pas le même écueil à redouter : quoi que je fasse, je demeurerai toujours au-dessous de ce qui est dû à la mémoire de celui qui nous rassemble. Comptez, en effet, les qualités que les hommes admirent, naissance, rang, caractère, bonté de cœur, talents, lumières, vertu, piété, vous les trouverez toutes ici, réunies dans la même personne. Et si vous y ajoutez une vie laborieuse, couronnée d'une vieillesse respectée, et devenue si touchante depuis, par l'humiliation d'une famille qui méritait un meilleur sort; vous serez forcés de convenir, que jamais mortel n'eut plus de droits que M. de Thou, aux hommages des autres mortels.

Venez donc, ô vous, à qui l'histoire a prodigué si libéralement dans tous les temps, les surnoms de Grands hommes et de Héros, pour avoir ensanglanté ses pages, conquérants de tous les siècles, venez contempler le seul homme véritablement grand, le seul vrai héros, le héros de la vertu ! =

JACQUES AUGUSTE DE THOU (1) * naquit à Paris, l'an 1553, d'une famille capable de faire rejaillir sur lui toute la gloire que donnent des ancêtres illustres. Mais il n'avoit pas besoin de cette lumière empruntée ; il brilla lui-même, de sa propre lumière ; et avec un éclat, qui eût seul suffi à l'illustration de toute sa maison. L'éducation soignée qu'il reçut, le mit en état d'entrer de bonne heure dans les charges publiques. Malgré la plus humble résistance de sa part, il en fut pourvu à un âge où les autres hommes sortent à peine de l'enfance. Et si dans cette faveur signalée, on donna quelque chose à la mémoire de ses aïeux; on fut pleinement justifié par son propre mérite, par les espérances rares qu'il avoit déjà fait concevoir, et qu'il sut réaliser.

A la veille de recevoir dans ses mains la balance de la justice et le glaive redoutable, il n'oublia pas que de tous les hommes qui composent la société, le plus respecté, et le plus respectable, est le Père de famille : Il

---

* Ce discours est accompagné de quelques Notes qui se trouvent à la fin , et que l'on est libre de consulter.

se choisit donc une compagne digne de lui.
Et sa maison, vrai Temple de la Tendresse con-
jugale, devint bientôt celui de la Piété filiale
et de l'Amour paternel; de ce bonheur domes-
tique, Messieurs, que le siècle ne connaît plus;
mais dont quelques âmes sensibles peuvent encore se faire une idée.

Le cours de sa vie, ainsi commencé par
l'exercice de toutes les vertus sociales, multi-
plia encore, dans les plus hautes classes de la
société, les nombreux amis attachés de tout
temps à ses ancêtres; et par-là, il se vit en état
d'opérer les plus grandes choses : c'est-à-dire
pour lui, les choses les plus utiles à l'humanité. Un ardent amour pour la patrie; un zèle
tout de feu pour la vérité et la justice ; un at-
tachement inviolable pour la personne sacrée
du Monarque et de ses Successeurs légitimes,
le distinguèrent parmi tous ses concitoyens.
Noble dans ses sentiments, simple dans ses
goûts, modeste et ferme dans sa conduite,
ayant le cœur souverainement tolérant; il ne
désirait que le bonheur général ; et personne
ne le désira plus passionnément que lui. In-
struit, autant que mortel peut l'être, des
vrais intérêts de la société, par des études con-
tinuelles, par une correspondance assidue avec
tous les savants de l'Europe, et par les médi-

tations les plus profondes, il travailla, il écrivit, pour la félicité de la France et de l'univers; et personne ne le fit d'une manière plus éclairée. Toujours étonnant, dans sa jeunesse il devance son âge; homme fait il devance ses contemporains; et avant de mourir, il a devancé des siècles! =

Les bornes prescrites à ce discours ne nous permettent pas, Messieurs, de suivre M. de Thou dans les immenses travaux de sa vie. Aussi bien est-il impossible d'entrer ici dans aucun détail des temps ni des lieux : le grand homme demeure toujours *tout entier* présent à l'esprit. Nous nous contenterons d'admirer en lui le Citoyen, le Magistrat, l'Homme d'État, l'Historien, le Philosophe et l'Homme religieux. Mais nous le verrons toujours grand, toujours digne de la patrie, et digne de lui-même.

Paraissez donc au milieu de cette assemblée, Ombre vénérable! ô le plus vertueux des contemporains (2) du bon Henri! que nous vous entourions de nos hommages et de nos respects! Venez, âme noble et franche, vrai modèle des Français; montrez-vous telle que vous êtes; ne craignez point; il est encore ici quelques hommes dignes de vous! =

L'amour de la patrie a été le caractère distinctif de tous les grands hommes. C'est lui qui a fait éclore ces héros étonnants de l'ancienne Rome et de l'ancienne Grèce. C'est lui qui forme, qui constitue les sociétés ; et l'on peut dire : Sans l'amour de la patrie, il n'est point de patrie !

Ce fut aussi là la vertu chérie de M. de Thou. Elle était héréditaire dans sa famille. Plus d'une fois son illustre père avait exposé sa vie pour la France : et quand il la crut un moment sur le penchant de sa ruine ; il languit lui-même, et son honorable vieillesse succomba. = Pour le héros de ce jour, il suffit de l'entendre *parler* de la patrie, pour voir si c'est *lui* qui eût laissé éteindre dans son cœur ce feu sacré ! La patrie, s'écrie-t-il, est une divinité ! celui qui l'abandonne est un impie ! celui qui viole ses lois est un sacrilège ! =

Mais si M. de Thou aimait avec ardeur sa patrie ; s'il était toujours prêt à faire pour elle tous les sacrifices, il ne dépendit *jamais* de lui, de restreindre ses avares affections sur une *seule* nation, et sur un *petit* nombre de frères. Outre la France, cet homme immense avait une autre patrie : et cette patrie, Messieurs, c'était le globe terrestre ! Rien de ce qui porte les traits de l'humanité ne pouvait lui être étranger. Que la patrie prospère ;

qu'elle soit heureuse; mais que son bonheur ne soit point le fruit du sang de nos semblables! Voilà le vrai citoyen; voilà les seuls sentiments dignes de M. de Thou.

Le Magistrat et l'Homme d'État parurent aussi en lui dans toute leur grandeur. Et vous savez, Messieurs, tout ce que ces qualités supposent de lumières, de pénétration et de force d'âme. M. de Thou ne daignait pas décorer du nom de *Politique*, les principes atroces d'un vil machiavélisme. Il n'appelait point *fine Politique*, ces mesures qui conduisent tôt ou tard à l'échafaud ou à l'infamie (3). La Politique selon lui, n'est que l'art de rendre les hommes heureux, et de l'être soi-même en faisant des heureux. Et d'après cette notion, la seule exacte, la Politique est le plus difficile comme le plus noble des arts; et une occupation digne uniquement de têtes couronnées. =

Quelles vues, en effet, quelles vues étendues et profondes, et quelle sollicitude paternelle, ne faut-il pas pour tenir ainsi sur la terre la place même de la divine Providence; pour concilier toute cette infinité de prétentions et d'intérêts divers; pour contenir toutes les passions, et procurer incessamment le bonheur public, sans jamais dévier! car remarquez, Messieurs, qu'un seul faux pas suffit pour tout perdre;

qu'un rien peut introduire un effroyable désordre dans des rouages si compliqués; et que le plus léger frottement, peut faire sauter en éclats, l'immense machine d'un gouvernement. (4) Où trouver des points fixes sur une mer mobile et sans rives? = M. de Thou les a signalés : mais encore, pour les bien distinguer, faudrait-il être un autre lui-même! = La *Justice* et la *Vérité!* Cette Justice commune et ordinaire, qui ne calcule jamais les avantages d'un crime, et ne cherche point à justifier un forfait par des raisons d'État; cette Vérité simple et nue, dégagée des sophismes de l'école et des préjugés de l'ignorance : cette Justice et cette Vérité, pour lesquelles les hommes les plus grossiers, savent encore mourir sans murmure! Voilà les bases d'un gouvernement stable, d'un trône éternel! Partez de là; vous gouvernerez comme la Divinité elle-même; par des lois générales et immuables. Vous mépriserez les vaines clameurs d'un faible vulgaire; et dût-il arriver dans le monde moral, des catastrophes plus épouvantables que celles que nous remarquons dans le système des mondes physiques; vous n'en serez point ébranlés! = *Périsse l'univers, et que la justice se fasse!* Telle est la devise de M. de Thou; telle est sa politique! =

Ses idées sur les révolutions et la chute des empires n'étaient pas moins exactes. Les États divers se sont toujours acheminés vers la Monarchie héréditaire. Les Empires les plus durables ont eu cette forme. Plusieurs des peuples qui se sont constitués librement en corps social, l'ont chosie comme par instinct : et il ne leur manqua, pour durer encore, que la *religion de la Légitimité!* En un mot, l'amour pour leur Souverain est aussi naturel aux peuples, que l'amour des enfants de famille pour leur Père ! = Pourquoi donc voyons-nous tous les trônes de l'univers s'entre-heurter et se briser les uns contre les autres avec un fracas si horrible? = Malheureux! s'écrie M. de Thou, vous le demandez? = Vous entretenez les haines; vous fomentez les divisions ; et vous dites : l'homme est-il né pour les révolutions? Dans quel état, ô ciel! se trouvent les Bases de la morale publique! Où est l'esprit éclairé; où est le cœur tolérant ? = Les Abus religieux ; l'ignorance des Devoirs du Citoyen; l'Oubli des Droits de l'Homme; comprenez-le bien, voilà la source du mal; voilà les désordres que le Ciel poursuit d'une manière si terrible (5). Vous avez introduit dans la Morale des Principes faux (6); les Préjugés se sont emparés des Peuples et de leurs Chefs; les Droits publics et privés ont été méconnus ! = une fermentation se montre enfin parmi les nations ; le volcan éclate ; il décharge sa lave ! et la vie d'un historien, ne sera pas assez longue, pour raconter des malheurs ! = Heureux encore, mille fois heureux, si l'expérience du moins, peut vous rendre plus sages ! =

Tant de lumières, Messieurs, éclairant un si grand Caractère, ne purent être méconnues. Elles pénétrèrent dans tous les Cabinets de l'Europe. Et nos Monarques employèrent M. de Thou dans leurs Transactions les plus importantes. Point de Traité conclu sans lui ; point de Loi établie sans sa participation. Les plus fameux Édits qui soient jamais émanés du Trône français, furent son ouvrage, et révoqués ou non, ils demeureront les éternels monuments de sa gloire. Nos Monarques se reposaient sur lui comme sur eux-mêmes ; souvent plus que sur eux-mêmes ; et ils n'eurent jamais lieu de s'en repentir. Sans porter ni sceptre ni couronne, M. de Thou avait toutes les qualités et toutes les vertus d'un grand roi. =

Si nous le considérons encore comme Historien ; nous le trouverons encore inimitable. C'est là, c'est dans son Histoire qu'il se montre dans tout son éclat : en peignant son siècle, il s'est aussi peint lui-même.

L'histoire comprend toutes les parties de la Littérature : et en devient ainsi la branche la plus difficile. Ce qui le prouve, Messieurs, vous le savez, c'est que la nature avare nous a donné beaucoup moins de bons historiens que de bons poètes. = Cependant, M. de Thou remplira encore, avec les applaudissements de toute l'Europe éclairée, cette tâche épineuse. Et pour être plus généralement utile, il écrira en latin; avec une pureté et une élégance si digne des Anciens, que quand vous rencontrez son histoire au milieu des autres productions du seizième siècle, il semble que vous découvrez une statue grecque, au milieu de ruines gothiques. Partout on le voit arrachant avec effort la vérité défigurée d'entre les mains de l'esprit de parti. Il la rétablit dans ses droits primitifs; il lui rend toute sa beauté; et le lecteur se trouve épris par les charmes de sa plus naïve simplicité! = Mais ce qui plaît par-dessus toutes choses dans l'immortel ouvrage de M. de Thou, c'est de voir son style s'élever, s'animer, s'enflammer, chaque fois qu'il raconte une belle action, un trait de générosité. On sent qu'alors son cœur tressaillait, qu'il se dilatait, qu'il triomphait! et on partage toute son émotion. Tandis qu'il semble n'entrer qu'avec répugnance dans les détails déshonorants

pour l'homme. Il souffre dans ces moments ;
il voudroit pallier le crime ; l'expression lui
manque ; il languit ! et ne retrouve toute sa
force que pour *accabler* le méchant , d'un *tor-*
rent de ses éloquents reproches ! = Commen-
çant vers la renaissance des lettres , son histoire embrasse tous les temps écoulés depuis
cette intéressante époque, jusqu'à la veille de
notre grand siècle (7). Et aucune branche des
sciences humaines n'est passée sous silence :
Géographie , Chronologie , Mœurs , Coutumes ,
Religion , Beaux-arts , Voyages , Découvertes ,
rien n'est négligé. Il entre même dans les détails *jusqu'à se faire reprocher des longueurs !*
Quel travail , quel travail immense, au milieu
de tant d'autres occupations, entrepris pour le
seul amour de la vérité , et le plus pur zèle du
bien public ! = Les devoirs de la magistrature,
les travaux diplomatiques devaient, ce semble,
le mettre dans une impossibilité *absolue* de
faire des recherches auxquelles la vie entière,
de tout autre historien , eût à peine suffi. Mais
quand ce Génie , à qui tout était présent , portait ses regards inquiets sur la suite des temps ;
quand les générations futures venaient, pour
ainsi dire, se presser autour de lui , et lui faire
entendre des plaintes et des gémissements ,
plus touchants encore que ceux qui n'avaient

cessé de retentir dans son cœur depuis sa plus tendre enfance (8); pouvait-il demeurer de sang froid, lui qui se croyait responsable du bonheur du genre humain? = Non, Messieurs; et quand il aura donné ses journées entières à ses Contemporains ; il consacrera encore ses veilles à la Postérité; et nous-mêmes nous ne serons point oubliés ! =

Mais hâtons-nous de contempler en M. de Thou, le Philosophe, et l'Homme religieux. Ce mot de Philosophe dit tant de choses, Messieurs! = Que les idées de M. de Thou étaient riches et profondes! Il ne se contentait pas de remonter seulement à une *certaine* hauteur pour découvrir un horizon plus vaste; il s'élevait jusqu'à l'*éternelle vérité* pour prendre son coup d'œil. C'est là qu'il puisait ces principes d'une application universelle, ces vues qui embrassent tout. C'est de là qu'il voyait croître les nations comme autant de plantes précieuses et délicates, qui se développent, quand elles reçoivent la bienfaisante influence de la lumière et de la chaleur. C'est de là qu'il contemplait l'homme moral, placé partout entre les infinis (9), s'élevant tantôt, avec son siècle, à la hauteur des esprits parfaits, et se rabaissant ensuite jusqu'au dessous de la brute (10); toutes les générations agissant les unes sur les autres, se communiquant leurs progrès, se transmettant leurs penchants et leurs talents, leurs vices et leurs vertus; et au milieu de cet immense flux et reflux des innombrables familles des mortels, Dieu seul se réservant la connaissance exacte du prix moral de chacune de ses créatures individuelles! (11) Et plein de ces grandes idées, il s'écriait avec l'accent de la plus intime conviction : O hommes ! ne désespérez point du salut du genre humain, et ne vous en prenez point au Créateur! Il *peut* y avoir un peuple sage, un peuple vertueux, un *peuple,* qui ne mette plus sa gloire dans le meurtre; n'en doutez pas; ne calomniez pas la sainte nature ! = Mais connaissez la vraie source de vos maux : Les ténèbres de l'esprit sont plus effrayantes que celles d'une éternelle nuit! Que la lumière se répande, et que la face de la terre soit renouvelée! La Morale elle-même, la divine Morale, peut encore se perfectionner, si vous ne lui opposez des barrières absurdes (12)! = Hélas! répandue chez tous les peuples de la terre, la Superstition impose son joug à presque tous les esprits et s'empare de la faiblesse des humains. Partout elle vous presse, elle vous harcelle. Partout où vous fuyez, elle s'attache à vous poursuivre : Puissions-nous en extirper jusqu'aux moindres racines ! Quel plus grand service pourrions-nous rendre au genre humain ? =

Ces vérités vous paraissent grandes, Messieurs; vous dites qu'il fallait un grand effort de génie, pour les découvrir dans la nuit du seizième siècle : = Il fallait encore bien plus de courage pour les proclamer! (13) Aujourd'hui, grâces aux hommes tels que M. de Thou, ces doctrines éminemment sociales, nous sont devenues familières; elles se sont répandues partout, à mesure que les lumières ont fait quelque progrès : Mais plût à Dieu! qu'elles fussent *irrévocablement* enracinées dans les cœurs; et qu'il y eût enfin *prescription* contre le fanatisme!

La vraie philosophie conduit naturellement à la Religion. M. de Thou avait donc aussi des sentiments religieux. Oui, Messieurs; et il s'en faisait un trophée! Bien différent de ces vains sages du dix-neuvième siècle, à qui l'expérience de trois cents ans de plus, n'a rien appris, il regardait la Religion non-seulement comme le plus puissant levier de la Politique; mais encore comme la pierre fondamentale du Bonheur des sociétés et de chacun de leurs membres. = Des réflexions sur la Religion et une vie future, sont quelquefois déplacées, je ne l'ignore pas, dans le siècle où nous vivons :

Mais elles ne le sont pas dans l'Éloge de M. de Thou ! Elles ne le sont pas devant vous, Messieurs ! Des hommes qui savent déjà se rendre immortels sur la terre par leurs talents et leurs vertus, ne s'attendent pas sans doute, à être anéantis, à la fin de leur glorieuse carrière, et au moment même de se saisir d'une couronne méritée ! Et quand nous n'aurions pour preuve de l'immortalité que les seules *Vertus* de ces bienfaiteurs éternels de l'humanité, que ⬤tre cœur n'a connus que par l'histoire, ou les *Connaissances infinies* de ces *Génies étonnants,* que nous voyons si *fort* élevés au-dessus de toute matière; un homme raisonnable ne nourrirait déjà plus dans son cœur un *doute* injurieux à la Divinité. Mais j'ose ajouter, que le Christianisme lui-même, avec tous ses mystères, n'a rien que de digne du philosophe, quand avec M. de Thou, on sait l'envisager dans toute sa pureté, dans toute sa majesté ! (14)

Newton, le plus grand génie peut-être que la terre ait porté, Newton craignait que le Créateur ne fût un jour dans le cas de retoucher au Monde *physique.* M. de Thou, en chrétien éclairé, pensait, qu'une aussi grande mesure, n'avait été prise que dans le Monde *moral,* Monde infiniment plus délicat et plus précieux (15), à cette grande époque, où les êtres doués de Liberté, avaient généralement abusé d'un privilége si divin, pour sortir entièrement de l'ordre de la Providence (16). Il reconnaissait, que la Liberté *morale* du genre humain est *parfaite* (17), qu'elle exclue *toute Prévision* (18); qu'en faveur de l'homme, Dieu s'est *dépouillé* d'une partie de ses prérogatives éternelles, et a fait de lui un des êtres les plus intéressants de son immense création, à qui il est donné de contrarier, jusqu'à un certain point, les décrets mêmes de sa divine Providence. Persuadé, que Dieu seul peut connaître au juste le degré de culpabilité de chaque individu, parce que seul il connaît le degré de sa liberté (19); il concluait, qu'une Charité *sans bornes* et une Tolérance *infinie*, devaient donc être des vertus comme *naturelles* au cœur humain. Ne doutant pas que dans la Religion et la Morale, il n'y eut *aussi* des principes éternels et immuables, quoique plus difficiles à découvrir; il voulait qu'on les arrêtât, autant que les lumières de son siècle le pouvaient permettre, en signalant toutes les doctrines évidemment absurdes; afin d'opérer, avec douceur, la *Réunion* (20) de toutes les sectes particulières, et d'éteindre le *principal foyer* (21) de toutes les haines et de toutes les dissensions parmi les humains. Il voulait, que l'on admît plus d'Unité dans le Plan d'un Gouvernement ; que l'on ne souffrît plus un État au milieu d'un autre État; que tous les pouvoirs partissent du même point, pour ne plus s'entre-heurter (22). Convaincu enfin, que toute *Contrainte*, en fait de Religion et de Morale, implique *Contradiction* ; il conjurait le peuple français, au nom du bonheur du reste de l'univers, de conserver avec soin ces Libertés précieuses, ou plutôt ces débris de liberté, qui lui restaient encore; et de ne jamais subir un joug honteux. = (23) C'est sur des notions aussi *exactes* et aussi *sublimes* que se réglait toute la foi de M. de Thou : et jamais petitesse n'entra dans son âme. Il savait que tout dans la Religion doit être aussi élevé que le sont les pensées de l'Éternel ! =

Concevez-vous maintenant, Messieurs, concevez-vous bie n, quelle impression dut faire sur un esprit aussi solide, et sur un cœur aussi aimant, la vue des bûchers allumés au nom du Dieu de charité, et des flots de sang fraternel coulant devant les autels du Dieu d'amour ? = O ciel ! c'est alors que s'adressant à l'univers chrétien tout entier, il s'écriait avec ce zèle que lui seul pouvait ressentir : Quelles doctrines ténébreuses, et quelles maximes infernales, ont enveloppé la terre de ce crêpe funèbre ? Où courez-vous avec ces torches incendiaires et ces dards meurtriers? Où traînez-vous ces membres palpitants et ces cadavres mutilés? = Infortunés! vous ne vous connaissez point vous-mêmes : comment osez-vous entrer dans les conseils du Dieu de l'univers? = Vous n'avez pas sur la terre le droit de la vengeance (24) : comment osez-vous l'exercer au nom du ciel? = Ou, si la raison ne vous guide pas ; comment ne vous rendez-vous pas au moins à l'expérience? = Ne vous apprend-elle pas, que le fer ni le feu n'ont jamais persuadé personne? Ne vous dit-elle pas, que le martyre lui-même, est incapable de faire changer aux hommes leurs opinions religieuses? = Ne vous crie-t-elle pas, que votre prochain qui se *trompe*, agit *au moins* avec autant de bonne foi que vous, puisqu'il sait *mourir* entre vos mains? = Ah! chrétiens, chrétiens! êtes-vous tombés si bas, qu'il faille vous apprendre aujourd'hui, que vous ne devez point massacrer vos frères? = = Aimez-vous, aimez-vous les uns les autres! et ayez pitié, même du criminel!

Voilà, Messieurs, quelques-unes des qualités de M. de Thou, éparses dans un grand nombre d'autres héros, et dont une seule a souvent suffi pour vous les rendre intéressants.

Mais si vous désirez un portrait resserré dans un cadre plus étroit, et qui vous permette de voir M. de Thou d'un seul coup d'œil : Citoyen, la Patrie était pour lui un Dieu, et ses Lois autant de divinités. Magistrat, il était un code de lois vivant, impassible, incorruptible. Homme d'État, il se croyait avec raison, responsable du bonheur de l'univers. Historien, tous ses héros sont ses clients ; il s'agit partout de leurs fortunes et de leurs vies ; chaque fait est discuté comme une Cause capitale. Homme religieux, il prêche la charité comme autrefois la Divinité sur la terre, et ses exemples sont encore plus éloquents que ses discours. Philosophe enfin, et c'est le trait qui achève son Éloge, philosophe, Messieurs, c'est un de vos contemporains ! =

Voilà M. de Thou, le voilà tout entier le digne objet de nos éloges et de notre admiration ! = = Serait-il possible de porter encore à un plus haut point votre étonnement ? = Oui, Messieurs : remarquez, je vous prie, sur quel théâtre M. de Thou se trouva placé. Il semble que le Ciel lui-même ait pris plaisir à former un si grand homme et à l'exposer dans tout son jour. Le siècle de M. de Thou est un des plus remarquables de l'histoire. Pendant le cours de sa vie, presque tous les trônes de l'Europe furent successivement remplis par les Pontifes, les Rois, ou les Reines, les plus distin-

gués, et qui tous l'honoraient de leur corres
pondance. Une révolution se faisait alors dan
l'esprit humain, premier fruit de cet art qui
changé depuis l'univers (25). Trois grands peu
ples subissaient une réforme dans leurs mœur
et leur religion. Les lettres commençaient à
refleurir; et les sciences et les arts à se perfec
tionner. Tout, à la vérité, ressemblait encor
à l'antique chaos de la création; mais tou
aussi commençait à en sortir. Et les plages in-
connues d'un nouveau continent, découvertes
vers le même temps, peuvent faire dire dans le
sens physique et moral, qu'il parut alors un
nouveau ciel et une nouvelle terre! =

Nous ne dissimulerons pas, qu'un siècle
aussi fécond en grands évènements, n'ait puis-
samment contribué à former M. de Thou. Ce
point lui est commun avec tous les grands hommes. Mais si son siècle eût une influence sur
M. de Thou, M. de Thou en exerça une bien
plus grande sur son siècle! = O Dieu! il me
semble l'entendre encore, au milieu de ces
grands intérêts de l'univers, instruisant, à la
fois, et les Peuples, et leurs Pontifes et leurs
Rois!

= Peuples! ne donnez le surnom de *grands*,
qu'aux Princes qui le sont assez pour être *bons*;
et la félicité renaîtra parmi vous comme un

printemps! Cessez de déifier des tigres; et vous
ne serez plus déchirés par millions (26)! Malheur, malheur à ceux qui appellent le meurtre
une bravoure, et la bonté une faiblesse : Ils
ont mérité tous leurs maux! =

= Pontifes, prêtres du Seigneur! comment
avez-vous arrêté pour jamais les progrès de la
Morale publique, et avez-vous divisé en mille
factions, la société des Enfants de Dieu (27)!
Comment avez-vous défiguré la Bonté éternelle,
et l'éternelle Vérité (28)! Humbles serviteurs
de vos frères, comment avez-vous ambitionné
des trônes terrestres ! = Ah! laissez, laissez les
sceptres et les couronnes, à leurs *légitimes*
possesseurs (29); et donnez au monde le spectacle de toutes les vertus! Régnez sur les cœurs,
et attirez toutes les générations à l'Unité de
l'Amour! =

= Monarques, vrais Pères, vrais Pasteurs
de vos peuples (30): faites régner les lois, faites
régner les mœurs, faites régner la paix. Ap-
prenez à prévenir la guerre, avant que d'apprendre à la faire (31). Éteignez pour jamais le
foyer des révolutions, en plaçant sur vos trônes
la *Vérité* et la *Justice,* et par elles, la *Liberté!*
Découragez l'ambition, en remplissant vous-
mêmes tous vos pénibles devoirs, et en forçant
vos Ministres à remplir aussi les leurs (32).

Ah! comment ne donnez-vous plus, dans vos augustes personnes le spectacle majestueux de Rois-juges, de Rois-pontifes, si grands dans les annales du monde : instruits *les premiers* (33), des saintes lois du Dieu d'amour, et l'adorant à la tête de leurs peuples, dans la pompe de ses solennités ! Comment avez-vous renoncé, de gaieté de cœur, aux plus belles, aux plus indispensables prérogatives de vos couronnes ! Montrez-vous donc, montrez-vous encore, les *véritables* maîtres de la terre! vos faiblesses sont des crimes! sachez régner, ou sachez mourir ! ==

Et ne vous étonnez pas, Messieurs, d'un langage qui semble plutôt celui d'un demi-dieu que d'un mortel. Ce sont là les droits de la vertu; et qu'il faut lui laisser. M. de Thou s'était élevé au-dessus des choses terrestres; il avait acquis une sorte de supériorité sur les Rois mêmes de la terre ! Du haut du trône immuable qu'il s'était préparé lui-même, cet homme divin, dans le calme parfait de la raison, portait ses regards sereins sur la scène changeante de cet univers. Il examinait ces peuples immenses encore si éloignés de leur maturité; et il leur montrait l'image de la Vertu et les sources du Bonheur. Il parlait : et l'Attention l'écoutait ! Il raisonnait : et la Conviction suivait toutes ses périodes! = Pour lui la vertu n'existait plus. Elle lui était devenue aussi naturelle, qu'aux autres hommes leurs faiblesses! O Dieu! quelle majesté sur ce front vénérable! Plus grand que Caton, de Thou ne meurt pas; il lutte contre son siècle, et tôt ou tard il en triomphera! =

Maintenant, Messieurs (car on est bien forcé de faire ici quelque retour sur soi-même), quelle était donc la cause première de tant de vertu? Quel était proprement le premier principe qui a fait de M. de Thou un homme si extraordinaire et si différent de tous les autres grands hommes dont l'histoire nous a transmis l'image? = Je le dirai! C'était cette inépuisable bonté de cœur, qui embrassait tous les peuples et toutes les générations! Cette bonté de cœur, cette bonté raisonnée, le résultat de toutes les lumières, la vertu des rois, et le plus bel apanage de la Divinité! Cette bonté de cœur, ce fonds intarissable de bienveillance, sans laquelle aucun État, aucune ville, aucune famille ne saurait subsister, et sans laquelle *toutes* les lois humaines sont insuffisantes à la félicité des peuples! =

Propageons, Messieurs, propageons dans notre belle patrie, un sentiment si divin, un sentiment si naturel au cœur français. Vous venez de l'entendre, un peuple parfait n'est pas au-dessus des forces de la nature, et cette ambition est digne de nous (34). A la vérité, nous ne pouvons pas espérer de voir de nos propres yeux un spectacle si beau : les générations ne peuvent se perfectionner qu'avec le temps ; le physique et le moral devront prendre une autre direction (35). Mais s'il est impossible de réaliser en peu d'années un état si désirable, l'heureux espoir en restera toujours à l'univers ! =

J'aurais voulu, Messieurs, en un si beau moment, continuer toujours sur le même ton, et ne faire retentir à vos oreilles que des vérités agréables. Quelque faible que soit le talent de l'orateur ; on *jouit* en entendant raconter les travaux d'un grand homme et ses succès, ses vertus et sa gloire. Cependant avant de terminer il me reste à remplir une tâche plus pénible. Il faut vous rappeler aussi, quelles *persécutions* M. de Thou eut à essuyer. Mais prenez courage ! puisque cette dernière qualité manquait encore à sa vertu ; et qu'il a su se montrer encore supérieur à l'adversité. =

Après avoir fait tant de glorieux efforts contre toutes les passions sanguinaires ; après s'être montré le plus ferme appui de l'innocence, et le plus intrépide défenseur de la vérité, M. de

Thou fut lui-même la victime de la basse ja-
lousie et de l'aveugle fanatisme de ses contemporains. Sur la soirée de ses jours, épuisé de
travaux et survivant à ses plus chères affections, ce vénérable Magistrat se vit forcé de
ressusciter dans une ame déjà glacée par les
ans, toute la vigueur de la jeunesse, pour pouvoir maintenir contre le Génie du mal, le bien
qu'il avait opéré sur la terre. Ses ouvrages furent censurés à Rome, et déchirés ailleurs par
les mains de l'ignorance. = Il ne perdit, il est
vrai, que son repos. Étonnée, et comme étour-
die des coups qu'elle venait de recevoir, la
superstition respecta sa vie. Sa vieillesse nous
rendit tous ses exemples plus touchans. L'Europe fut témoin de sa modération avec ses ennemis, et du calme de son ame au milieu de
la tempête. = Mais dès qu'il eût fermé les
yeux, une main de fer devait venir imprimer
le dernier cachet de la perfection à la mémoire
de ses vertus, par la mort violente d'un fils,
cher objet sur lequel presque toute la tendresse
du vieillard mourant s'était concentrée, et qui
promettait déjà de lui ressembler un jour (36).
Accusé sur les indices les plus légers, traité
sans aucune bonté de cœur, condamné d'une
manière illégale, il périt du genre de mort le
plus atroce. Et nous ne craignons pas, Mes-

sieurs, de jeter ici quelques fleurs sur la tombe de l'amitié trop généreuse : hélas ! cette tombe, elle se trouve si près de celle d'une trop courageuse vertu ! ⹀

O vous ! de quel nom vous appeler maintenant ? ombre céleste, ame divine ! quelles furent vos pensées quand vous vîtes la main du sort s'appesantir ainsi sur votre race ? = Vous repentîtes-vous peut-être alors d'avoir été vertueux ? = Trois siècles se sont renouvelés depuis que votre vie sans tache a honoré l'humanité ; Êtes-vous encore sensible aux vœux d'une assemblée solennelle de Français qui s'attendrissent à votre souvenir ; ou l'anéantissement fut-il la *compensation* de tous vos nobles travaux ? = Est-il, est-il pour vous une terre des vivants ; où l'immortalité d'un *vain nom* doit-elle vous tenir lieu de *celle* de votre Être ? = Ah ! Messieurs, que la nature vous paraîtrait sombre, qu'elle vous paraîtrait lugubre, si son *Auteur* ne devait pas montrer plus de justice envers les grands hommes, qu'ils n'en rencontrent d'ordinaire parmi leurs contemporains ! = = (37)

Tel est, Messieurs, l'état d'humiliation auquel la Famille de M. de Thou fut réduite. Ses malheurs ont égalé sa gloire. Que dis-je ? ils y ont mis le comble ! Le Vice dans sa fureur ja-

louse, bien loin de pouvoir jamais se réconci-
lier avec la Vertu, ne fait au contraire que *s'ir-
riter*, à mesure que la Vertu se montre plus
belle. Et dans la suite des temps, on ne se
rappellera la nom d'une Famille si illustre,
qu'avec une émotion profonde, comme on se
rappelle le nom de cette antique *Numance*,
aux ruines de laquelle se rattachent, à la fois,
des souvenirs sigrands et si attendrissants (38).

Que nous sommes heureux, Messieurs, de
vivre dans un siècle plus éclairé, où le talent
est reconnu, la vertu honorée, et où le mérite
de tout genre, *peut* du moins, trouver sa place !
= Oui, les temps prédits par M. de Thou sont
arrivés. Il a hâté pour nous une si glorieuse
époque. Cette Vérité qu'il n'annonçait lui-
même qu'au péril de sa vie, peut se montrer
aujourd'hui à découvert. Une Divinité tuté-
laire tient son Égide sur la France. Digne de la
Nation et du Siècle, une Constitution a consolidé
pour jamais parmi nous la Monarchie, et con-
sacré le principe de la Légitimité. Le Pouvoir,
ce foudre saint et terrible, ne peut plus tom-
ber entre les mains de la passion, ni de la faiblesse, ni de l'inexpérience. De vils flatteurs
ne peuvent plus tromper l'Amour du Souverain, et faire adorer alternativement leurs passions et bénir leurs crimes : = *Le Pouvoir se*

trouve mis pour jamais sous la tutelle de la rai-
son universelle! (39) Aussi, Messieurs, cette
Constitution, cette immortelle Constitution
qui vous fut donnée, n'est-elle pas l'ouvrage
d'un mortel : Non, c'est l'Esprit de l'Europe,
c'est l'Expérience de l'univers, c'est l'Ouvrage
des siècles ! = réuni en un corps, par le plus
grand des Monarques, par LOUIS le LÉGIS-
LATEUR ! (40) N'envions donc plus leurs beaux
jours à ces anciennes Républiques d'Athènes et
de Rome : Hélas! où sont les Grands Hommes,
de ces *inquiètes* Maîtresses du Monde, qui
n'aient point *également* essuyé une honteuse
persécution ? Nous sommes plus heureux, Messieurs, infiniment plus heureux ; comprenons-
le bien ! = Semblable à un athlète couvert
de blessures qui se retire du combat, l'univers, fatigué de tant de convulsions et devenu
plus sage, se reposera maintenant, jusqu'à la
fin des temps, dans le sein de la Légitimité des
Monarques Constitutionnels (41).

NOTES.

(1) J'ai essayé en vain de faire entrer les titres de M. de Thou dans le corps du discours. Ceux même de Conseiller et de Président à mortier m'ont paru trop maigres à côté du nom qu'il s'est fait.

(2) Henri IV a su tellement identifier avec son nom, notre *malheureuse* épithète de *bon*; qu'elle peut encore passer ici, même dans le style soutenu. Et c'est peut-être ce qui fait le mieux l'Éloge de ce Monarque. Henri-le-Grand, a aussi été *Notre bon Henri :* Voilà pourquoi, après deux siècles, son nom fait tressaillir encore tous les cœurs. Louis XIV, avec tout son éclat, n'a pu effacer son souvenir. Aujourd'hui seulement nous pouvons espérer de voir effacer un souvenir si cher, par un souvenir plus cher encore. =

(3) On s'est beaucoup extasié, dans un temps, sur la fine politique de la cour romaine. A en juger par les résultats, on dirait au contraire aujourd'hui, que sa politique a été des plus grossières. Quand on a disposé à son gré des couronnes de l'Europe; quand on a distribué, selon son bon plaisir, les États et les Empires; et qu'on a perdu toute cette influence; on n'a pas assurément fait preuve d'une grande finesse. L'Allemagne, la Russie, l'Angleterre, une partie de l'Orient, ne relèvent plus des Pontifes de Rome. Les autres États européens ont

montré, depuis peu, combien cette autorité, ancienne-
ment si terrible, était devenue précaire chez eux. Qu'en
peut-on conclure; si ce n'est que cette Cour s'est ressentie,
comme toutes les autres, des ténèbres du moyen âge; et
qu'elle s'est conduite souvent, dans des matières bien plus
graves, à-peu-près comme elle a fait, quand au moyen
d'une ligne, elle a prétendu partager la terre en deux parties séparées, sans se douter des Antipodes. Les Enfants
de Colomb et de Vespuce se disputèrent avec raison sur
la *gauche* et la *droite*, lorsqu'à leur grand étonnement,
ils se rencontrèrent chez les Patagons, et prétendaient
de part et d'autre qu'on avait dépassé la ligne de dé-
marcation d'Alexandre VI. Et les Chrétiens de ce temps-
là ne devaient pas toujours être beaucoup plus avan-
cés, quand ils recevaient de Rome quelque décision
sur les grandes difficultés de la Morale et de la Religion.

(4) Toute l'Europe applaudit aux habitants de Bo-
logne, lorsque dans la vue du bien public, ils détour-
nèrent, à grands frais, l'un des bras du Pô. L'illustre
Guglielmini attendit seul l'évènement avec quelque in-
quiétude. Cependant qu'arriva-t-il? = Au grand étonnement des Naturalistes, le fleuve ayant exhaussé peu à
peu son lit, en déposant un limon imperceptible, me-
naça tout-à-coup ce beau pays d'une inondation géné-
rale. = C'est l'image d'une fausse mesure de politique;
et qui doit faire trembler, à chaque pas, le Diplomate
même le plus exercé. Qui ne sait avec qu'elle singulière
circonspection il faut traiter différentes parties de l'ad-
ministration? = Celle des finances est de ce nombre.
L'argent cherche aussi continuellement à se mettre de
niveau, tout comme l'eau. Et on peut dire qu'en cette

matière il n'y a pas non plus de petites mesures. Elles amènent toutes, ou de grands biens ou de grands maux. Le fameux système de Law en peut servir de preuve; ainsi que le plus fameux Projet de loi sur la réduction des rentes, dont on discute depuis si long-temps les avantages et les désavantages, sans avoir encore pu tirer les choses tout-à-fait au clair. = La plupart des autres branches du gouvernement d'un État, sont de la même délicatesse et de la même importance. L'instruction, la Morale publique négligée, que dis-je? un seul faux principe admis, peut amener naturellement, avec le temps, les révolutions les plus terribles.

(5) Chaque fois que chez un peuple, on rendra la morale publique ou la religion ridicule; tout impie se croira un homme d'esprit, et tout demi-savant sera impie. En fait de morale, on doit donc se donner bien de garde de ne jamais rien outrer ni exagérer. L'exagération détruit tout; tandis qu'en se contentant de donner simplement pour *probable* ce qui est *probable*, et pour *douteux* ce qui est *douteux*, l'impiété n'a jamais de prise. =

(6) Je crains plus une mauvaise maxime qu'une mauvaise action, a dit un homme profond. En effet, l'une ne fait du mal qu'une fois, et à un ou quelques individus; l'autre exerce ses ravages chez tout un peuple et pendant des siècles. Quelle différence de conduite entre un maréchal de Tavannes par exemple, et un Jean Hennuyer, Évêque de Lysieux. Le maréchal de Tavannes avait tué, à ce qu'on prétend, dix-sept Huguenots de sa propre main, le jour de la Saint-Barthélemy. S'étant confessé au lit de la mort, le prêtre lui dit : Vous ne parlez pas de la Saint-Barthélemy? De la Saint-Barthélemy! reprit le Maréchal avec force, = Le service seul

que j'ai rendu à Dieu ce jour-là, suffirait pour me faire pardonner tous les péchés de ma vie! = Pour Jean Hennuyer, ancien confesseur de Henri II, il se trouvait dans son Diocèse, au moment du massacre général des Huguenots; et il s'opposa, avec une fermeté à toute épreuve, à cette exécution barbare; criant qu'on lui couperait plutôt la gorge que de l'y faire consentir; que les Huguenots de son Diocèse étaient aussi ses brebis, quoique égarées. Et par cette bonté vraiment évangélique, ajoute un historien contemporain, il obtint non-seulement leur grâce auprès du Roi; mais, ô merveille, le Tout-Puissant permit, que pour récompense de cette douceur chrétienne, tous ces hérétiques fissent abjuration entre ses mains. = Ces deux hommes, comme on voit, avaient également du caractère. Ils agissaient l'un et l'autre d'après leur intime conviction. Mais quelle différence entre les maximes atroces de l'un, et les persuasions douces et charitables de l'autre! De-là, la diversité de leur conduite. = Aujourd'hui, il est vrai, nos idées sur la charité chrétienne sont devenues généralement plus claires : mais sur ce qu'on appelle *honneur*, ne sont-elles pas encore souvent bien barbares? Est-il, par exemple, rien de plus absurde, que ce malheureux duel, qui nous vient des temps de superstition, quand on faisait l'épreuve du feu, de l'eau bouillante, et que l'on croyait que Dieu ne pouvait pas permettre que l'innocent succombe; ce duel ridicule, où l'homme insulté ne se console qu'en recevant une épée au travers du corps, et où l'agresseur se croit honnête homme quand il ajoute le meurtre à l'insulte : Est-il rien de plus absurde et de plus ridicule ? = Cependant, tous les jours ce duel fait encore des victimes, et porte la désolation dans les familles. Et certains gazetiers disent alors, en rapportant ces horreurs , que *l'une et l'autre partie s'est conduite avec un honneur vraiment digne de gentils-hommes français.* En général , l'*Opinion* , résultat des maximes reçues , soit en matière de politique, soit en matière de religion , est devenue semblable , parmi nous, à une *Divinité malfaisante et invisible.* Mille malheureuses victimes se voient tous les jours déchirées et sacrifiées , sans savoir même à qui s'en prendre. Quel service ne rendrait donc pas aujourd'hui à la société, le grand homme, qui parviendrait à répandre partout, les véritables maximes de Tolérance et de Vertu ; en détruisant toutes ces fausses Notions de Bonté morale qu'on a répandues dans le monde depuis le moyen âge ! =

(7) Il est inutile, je pense, de remarquer que les deux époques dont il est ici question, sont celles de François Iᵉʳ, et de Louis XIV.

(8) Dès son berceau, M. de Thou, n'entendit parler que de haines, de vengeances, de persécutions, de révoltes, de guerres civiles, et de toutes les horreurs de la Ligue. En revenant d'un voyage à la fin de ses études, à cet âge où le sentiment est si vif et l'imagination si forte, il fut témoin de la scène hideuse de la Saint-Barthélemy. Il vit les places publiques jonchées de cadavres, et le corps de Coligny traîné par les rues, etc. C'est probablement là ce qui lui inspira cette haine implacable qu'il fit éclater toute sa vie contre les hommes aux doctrines sanguinaires.

(9) L'homme peut *naître* avec plus ou moins de propension pour certains vices, ou d'aptitude à certaines vertus. Et jusque-là, il n'est encore ni blâmable ni

louable. En tant que *homme moral*, il peut ensuite se perfectionner ou se dégrader lui-même indéfiniment. Il peut devenir un Saint ou un Scélérat consommé, selon qu'il use ou qu'il abuse de sa liberté. = De plus, aucune vérité de morale ne peut ni ne doit être prouvée *géométriquement*. La Morale et la Religion *excluent* l'évidence immédiate : et sans être proprement *fou*, on peut parvenir jusqu'à douter de l'existence même de Dieu. = j'entends tout cela par ces mots : *l'homme moral est placé partout entre les infinis*. Voilà pourquoi il est si difficile de disputer convenablement sur des matières de controverse. En passant de difficultés en difficultés, on finit toujours par arriver à un point, où il devient impossible de convaincre celui qui ne juge point à propos de se rendre aux raisons qu'on lui donne ; et où l'on est tenté, par conséquent, de lui dire des injures. La haine *absurde* qui règne entre les diverses sectes religieuses, n'a pas d'autre principe, que cette *impossibilité* où elles sont de se convaincre les unes les autres. Et la plus sotte en est toujours la plus haineuse. Pour ramener généralement l'univers chrétien à la *vraie Religion*, il faut lui proposer maintenant *les vrais principes de la morale divine*, avec toute la *simplicité*, la *clarté* et *la raison*, que les *nouvelles lumières acquises* nous permettent d'employer ; et frapper, *des seules armes du ridicule*, le petit nombre de *persécuteurs charitables* qui restent encore parmi nous. C'est là l'unique moyen de réussir. On doit assez savoir aujourd'hui, qu'en fait de Christianisme, il n'y a que la *véritable instruction*, et ensuite, le *bon exemple*, qui puissent faire revenir aux vrais principes, soit les ignorans, soit ceux qui sont obstinés dans l'erreur. Ce n'est plus par un *sobriquet*, que l'on peut rendre odieux les sectateurs d'une opinion quelconque, ou leur faire changer de manière de voir, dans le siècle où nous vivons.

(10) Malgré les bonnes raisons que l'on a cherché à me donner, pour me prouver que jamais l'homme créé à l'image de Dieu, ne pouvait descendre au-dessous de la brute; je persiste dans mon premier sentiment, et me persuade que les *animaux* n'ont pas assez d'*esprit* pour être aussi *bêtes* que nous le sommes quelquefois.

(11) Transportez quelques-uns de ces *grands person-nages si connus aujourd'hui pour leur piété et leur dévotion*, dans un autre siècle que le dix-neuvième, – contre lequel ils se permettent quelquefois de s'élever; ils seront de *tout autres hommes*. Faites-les naître chez les sauvages; ils ne seront pas éloignés de boire du sang dans les crânes de leurs ennemis. Nous tenons de notre siècle nou-seulement nos lumières et nos heureuses dis-positions; mais jusqu'à notre organisation cérébrale. Le bien que nous ajoutons nous-mêmes à notre être, par nos propres forces, est bien peu de chose : et le prix moral d'un individu est certainement le plus grand des mystères.

(12) Tout a été perfectionné : = pourquoi voudrait-on que la Religion, ou la Morale publique, demeurât gothique elle seule ? Cette partie n'est-elle pas aussi inté-ressante que la physique, la chimie, ou l'astronomie ? = cependant, on rirait au nez aujourd'hui à un physicien ou à un astronome du douzième siècle. = *Toute Église*, a dit un jeune philosophe (mais pourtant plus âgé que tous ses devanciers, étant enfant du 18me siècle) *Toute Église qui a fixé ses principes d'une manière irrévo-cable, s'est par là même interdit la faculté d'avancer*

*avec l'esprit humain ; et elle doit rester bien en
arrière des rapides progrès de la civilisation mo-
derne.* =

Mais on ne peut pas, me criera-t-on, toucher au
Dogme! = Je réponds, que cela n'est pas non plus
nécessaire. On ne se massacre plus aujourd'hui pour
des Dogmes ; mais on se massacre encore faute de
morale.

O Dieu ! je frémis, quand je pense que, sans les abus
que des têtes faibles, ou des esprits ambitieux, mais dans
tous les cas des hommes atroces, ont introduits dans le
Christianisme; ses douces lois se seraient déjà répandues
depuis long-temps dans tout l'Orient et le Nouveau
Monde. Pauvres et innocentes victimes de la Grèce, de
l'Asie, de l'Afrique et de l'Amérique, qui succombez
encore tous les jours sous nos yeux, combien de larmes
vous m'avez déjà coûtées ! = Ah! je puis bien prendre à
témoin ce Dieu de bonté que nous adorons tous plus ou
moins parfaitement, que je suis disposé à tout entre-
prendre pour aider à remédier à ces maux. = Qu'on me
dise ce qu'il faut faire ; je suis prêt! je ne crains rien;
la mort elle-même me sera douce ! =

(13) Voilà une phrase qui exigerait que le signe d'ex-
clamation fût placé en tête, à la mode espagnole. Et à
propos de ceci, je remarquerai, qu'il ne me paraît pas
impossible de perfectionner encore notre ponctuation :
laquelle n'est certainement pas ce qu'elle pourrait être.
Je défie, par exemple, qui que ce soit, de rendre à la
première lecture, toute la force déclamatoire qu'exige
un beau morceau d'éloquence. On le déclamera toujours
mieux la seconde fois que la première. D'où cela peut-
il venir, si ce n'est d'une imperfection dans la ponctua-

tion? Les anciens avaient des signes dont nous ne connaissons plus la valeur. Il est probable qu'ils avaient rapport à certaines inflexions de voix assez délicates. Effectivement, on remarque souvent des nuances qui demanderaient un signe encore moindre que la virgule, ou du moins différent d'elle; comme on peut le voir par quelques mots que j'ai soulignés à cet effet. Cette remarque pourra paraître minutieuse : mais je ne la crois pourtant pas absolument indigne de l'attention d'une Académie qui tend partout à la *perfection*. ⸗

(14) Le Christianisme *pur*, est un plus puissant soutien pour la morale publique, que tout ce que l'esprit humain puisse imaginer : Tout comme, étant *défiguré par la superstition*, il en devient la perte totale. *Corruptio optimi pessima*. ⸗ Quand pourra-t-on comprendre, qu'en matière de Religion, la Morale est la partie la plus essentielle, et que la *Foi* sans les *OEuvres* n'est que *fort peu de chose* ? ⸗

(15) Quoi qu'en dise Newton, je ne crains point que le *Monde physique* vienne à se déranger. Toutes les roues sont placées, et tous les ressorts sont prêts. Mais il n'en est pas de même du *Monde moral*. Vu la Liberté laissée aux Êtres intelligents, il est *nécessairement* sujet à se déranger; et c'est dans ce cas qu'un secours *extraordinaire* de la Divine Providence devient indispensable. ⸗

(16) Pour faire bien ressortir ma pensée touchant la question difficile de la Liberté, je dois remarquer, que j'admets une grande différence entre la *simple Liberté*, et la *Liberté morale*. Deux hommes peuvent faire la même bonne ou mauvaise action, et être cependant très-

diversement blâmables ou louables. Notre conduite se
régle en général sur notre manière de voir et de sentir.
Et celle-ci, quoique absolument encore soumise à la
volonté (puisque par l'instruction ou par l'exercice
nous pouvons la modifier), dépend pourtant en très-
grande partie de notre organisation et de notre première
éducation, que nous tenons entièrement de nos ancêtres. Il s'en suit, que la *simple Liberté*, a plus ou
moins de degrés chez les divers individus, et que la *Mo-*
ralité ne se peut prendre que du point où il y a équilibre.
Que de nuances possibles, entre le cerveau d'un Leib-
nilz, par exemple, et celui d'un Idiot que l'on est obligé
d'enfermer! — Dieu seul pouvant donc savoir quels efforts chacun a faits pour perfectionner son entende-
ment et sa volonté; il peut aussi seul connaître notre
vrai prix moral : et la *Modestie* aussi bien que la *To-*
lérance doivent être notre partage. — Toute ma vie je
me rappellerai le souvenir d'une personne que j'ai connue
dans ma jeunesse, d'un extérieur très-agréable, mais si
malheureusement organisée , que je n'aurais pas été
étonné, si elle avait vécu, qu'elle eût enfin fini par
l'échafaud; sans que pour cela je puisse dire que sa
culpabilité eût été bien grande devant Dieu. Sa *Mé-*
moire était si prodigieuse, et sa *Mimique* si parfaite ;
qu'elle pouvait jouer la personne sensible, vertueuse et
délicate, pendant des mois entiers ; tout comme elle
aurait joué un autre rôle quelconque. Mais c'était aussi
à peu près à cela que se bornait tout son être moral.
Elle ressentait d'ailleurs un plaisir secret, quand elle pouvait vous faire du mal tout en vous flattant. Elle faisait
consister l'*esprit* à savoir bien tromper. Pour le sentiment de l'honnête, du juste, du beau moral; pour la
bonté, la prudence, elle en était dénuée entièrement;

comme j'ai fini par m'en convaincre au bout de plusieurs années de familiarité, quand des soupçons d'em-
poisonnements commencèrent à planer sur sa tête, dont
malgré son art consommé dans le mensonge, elle ne
pouvait pas trop se laver. — Quelle différence de
construction il dût y avoir également entre le cœur et le
cerveau de ce monstre, et ceux d'un Jean-Jacques
Rousseau ! —

Dans le présent système sur la Liberté, le premier
homme *seul* fut *nécessairement* parfait au physique et
au moral, puisqu'il sortait immédiatement des mains
du Créateur; et sa liberté morale dut être en un équilibre
parfait avec l'organisation de son corps. Que si, depuis,
ses descendants ont été seulement aptes *plus ou moins*,
aux sciences ou aux vertus; leur responsabilité est aussi
différente. Ceci peut donner la clef de la grièveté de la
première transgression commise sur la terre.

(17) Tous les attributs que nous reconnaissons en
Dieu, nous sont garants que notre liberté morale est
parfaite. Dieu n'a jamais contraint qui que ce soit. Les
Prophètes eux-mêmes, et les Apôtres, ont toujours joui
de cette liberté. — C'est-là à mes yeux, ce qu'il y a de
plus étonnant dans la grande OEuvre de la Régénération
du genre humain par le Christianisme, *D'avoir changé*
l'Univers, sans contraindre la liberté d'un seul indi-
vidu! = Incrédules, il faut adorer ici, et non blas-
phêmer ! — —

(18) Si la liberté du premier homme a été *parfaite;*
il y a eu *impossibilité métaphysique* de prévoir ses actions morales. J'en appelle à tous les Géomètres; à tous
ceux qui s'occupent de sciences exactes; et en général à

tous les hommes qui ont le jugement tant soit peu en *équilibre.*

(19) En admettant une influence physique et morale d'une génération sur l'autre ; on ne sera pas seulement porté à la tolérance envers les personnes nées avec un caractère difficile, et à la commisération pour les grands criminels ; mais on sentira encore bien mieux, toute l'importance de l'éducation. ⸗ Or, cette influence est très-réelle : on ne peut la nier. Les enfants ne ressemblent-ils pas d'ordinaire à leurs pères et mères pour l'extérieur ? N'en héritent-ils pas jusqu'à des germes de maladies qui ne se développent qu'avec l'âge ? Pourquoi donc n'en tiendraient-ils pas également leur organisation cérébrale, et par-là même leurs propensions aux vices, ou leurs aptitudes à la vertu et aux sciences et aux arts ? ⸗

On a beau s'égayer, de la manière la plus insipide, dans certains journaux, sur les bosses du Docteur Gall ; il restera toujours un *fait :* c'est que nos facultés intellectuelles et morales ne se manifestent que moyennant une organisation matérielle. Et, par-là même, il sera vrai que la partie philosophique de ce nouveau système qui a fait tant de bruit, demeurera une chose admirable ; et sous bien des rapports une des plus remarquables de ce siècle. Quel est le psycologiste qui ose maintenant encore soutenir que l'âme agit sur le corps *à distance,* et que les deux substances ne sont pas unies d'une union vraiment hypostatique ? ⸗ Qui peut nier aujourd'hui que l'organisation n'y soit pour une très-grande part, dans nos volontés comme dans nos facultés ? ⸗ Et quand il serait vrai que le Docteur Gall, après des observations de trente années, se serait trompé sur quelque développement particulier du cerveau; qu'est-ce que cela prouverait en général contre sa doctrine? — Pour moi, je ne doute plus un instant, que ce ne soit à *la surface extérieure du cerveau* que se font toutes nos sensations, et toutes nos opérations morales. Il me paraît évident, que, vers le milieu de la masse cérébrale, la matière n'est pas encore assez *élaborée*, pour être susceptible de sentiment; et que pour pouvoir servir à produire les diverses passions et facultés de l'homme, elle est encore passée là, par mille tamis imperceptibles. Il me paraît évident, que les circonvolutions extérieures du cerveau, sont ménagées tout exprès, pour gagner le plus d'espace possible, sous le moindre volume, afin d'y pouvoir distribuer plus facilement l'organisation particulière de chacune des passions et facultés si nombreuses de l'homme, sans que sa tête devienne trop grosse. Il m'est impossible de croire que la Nature ait confondu tant de choses si différentes, en laissant toutes les opérations du cerveau dans un vague inconcevable. On aurait beau avancer, que nos diverses sensations se distribuent sur le cerveau, les unes après les autres, à mesure qu'elles arrivent; cela ne satisferait pas. La nature est en tout plus exacte, plus systématique; et chaque chose se trouve toujours mieux à sa place propre. — Encore une fois, si M. le Docteur Gall s'est trompé sur un organe particulier, ou plutôt sur une *organisation* particulière; qu'on le lui montre. Voilà tout. Cela n'empêchera nullement que son système ne l'ait rendu immortel dans les fastes de la Physiologie, aussi bien que de la Philosophie. — Personnellement; je n'ai jamais pu trouver qu'une seule objection à faire à M. Gall, après avoir suivi son Cours; et encore, n'attaque-t-elle que la moitié de ses prétentions : elle consiste à dire que la force d'un organe ne gît pas précisément dans son plus *grand développement;* mais principalement dans la *qualité* des fluides qu'il contient. Un *verre* de vin de Champagne, contient plus de *feu* et d'*esprit*, qu'un *tonneau* entier de vin de Surène.

(20) En admettant ces trois principes si lumineux et si féconds : Que la *Liberté morale* de l'espèce humaine a toujours été *parfaite;* Que l'*homme moral* est *nécessairement* placé *entre les infinis*; et Que la *prévision* d'une action *libre* implique une *contradiction métaphysique;* ...... Il sera facile de réunir toutes les sectes chrétiennes. On leur dira : Vous vous êtes trompées, toutes, tant que vous êtes. Réunissez-vous aujourd'hui; et que le passé soit oublié! ⸗ Tout aussi, deviendra alors plus important sur la terre, en fait de Religion, en fait de Morale, et surtout, en fait d'Éducation.

(21) Je ne crains pas de le dire, la principale source de nos dissensions civiles, s'est rencontrée dans nos dissensions religieuses. ⸗ Qui sont ceux qui se sont trouvés à la tête des affaires, quand les diverses révolutions de l'Europe ont commencé à se manifester? Qui a établi les principes de morale publique, et les lois des États européens? Qui est-ce qui avait alors l'oreille des Princes? Quels étaient leurs Ministres, leurs Conseillers, leurs Confesseurs? ⸗ Qu'on réfléchisse un peu là-dessus. ⸗ Il existe, encore aujourd'hui, dans la Société, un désir vague et caché, dont on ne se rend peut-être pas assez de compte, mais qui est certainement l'unique cause du reste d'animosité qui se remarque encore, Celui *de voir aussi la Religion et la Morale publique sur un meilleur pied, après tant d'améliorations civiles.* ⸗

On se plaint quelquefois, qu'il n'y a plus de *sentiments Religieux* dans le siècle où nous vivons. Sous certain rapport ces plaintes sont très-mal fondées. Les *premiers traits* de ces *sentiments divins*, sont *ineffaçables* dans le cœur humain; ainsi que vient de le prouver M. Benjamin Constant. Et quand l'homme tombe assez bas, pour ne plus aimer la Religion ; au moins en hait-il encore les abus. ⁼ Les diverses sectes religieuses vivent aujourd'hui, il est vrai, en une paix bien profonde. La raison en est que, dans le moment, aucune d'elles ne tient très-fortement à ses *principes*. Mais enfin, ces *principes exis-tent;* ils peuvent *revivre dans les cœurs* ; et comme l'a très-bien dit Jean-Jacques, Un Ange du Ciel, ne vivrait pas en paix sur la terre avec un Être qu'il croirait damné. ⁼ On blâme quelquefois pour la même raison la politique de l'Angleterre à l'égard des Catholiques d'Irlande. Pour moi, je ne trouve rien que de fort simple et fort naturel dans sa conduite : et je ne vois pas trop comment un Gouvernement pourrait donner, toute sa confiance, à des gens qui regardent tous ses membres comme autant de *damnés.* ⁼

Toutes ces difficultés qui se rencontrent dans les matières religieuses, ont fait dire à quelques philosophes, *Que la chrétienté est un vieux édifice en ruines, auquel il ne faut pas toucher, de peur d'être écrasé.* ⁼ Je crois, moi, *que c'est précisément là la raison pour laquelle il faudrait y toucher ; en cherchant à l'étayer et à le réparer; afin d'éviter les maux épouvantables que sa chute causera nécessairement à l'humanité tout entière.* Car après tout, nous ne demeurons pas dans la lune. Nous nous trouvons sur la terre ; au milieu de ce menaçant édifice. ⁼ ⁼ Un médecin, laissant là son scalpel, s'est aussi avisé de dire, *Que le Christianisme est un grand cadavre, que l'on doit se donner de garde de remuer, pour ne point empester le monde.* = Mais on sait assez, que ce n'est pas la première fois que ces Messieurs ont pris des *malades* pour des *corps morts,* et des *corps morts* pour des *personnes malades.* = = = Donc je vote pour le *rétablissement de la vraie Religion,* et la solennité du culte de l'Eternel, non-seulement en France, mais en Europe, et dans l'Univers.

(22) M. de Thou a été le plus zélé défenseur des Libertés de l'Église gallicane, et le plus ferme partisan de la Pragmatique. C'était aussi à lui principalement qu'était dû l'Édit de Nantes : et ses représentations seules empêchèrent que les décrets de discipline du Concile de Trente ne fissent loi en France. =

(23) J'aurais pu dire encore, *un joug pernicieux* et *absurde ;* car tout ce qui est *forcé,* en fait de *morale,* présente une contradiction métaphysique.

(24) Un de nos avocats les plus distingués s'écria dernièrement, à propos d'un grand crime qui venait d'être commis, que la société demandait à être *vengée.* Cette manière de parler n'est assurément pas bien exacte. Les hommes n'ont pas le droit de la *vengeance ;* et la Cour royale n'a que celui d'assurer la tranquillité publique. Cela est si vrai, que si l'on fût assuré qu'un criminel ne commît plus de crime; et que d'ailleurs le spectacle de son supplice ne fût pas un exemple nécessaire; on n'aurait pas le droit de le mettre à mort. = J'examinerai peut-être dans une autre circonstance, ce qu'il faut penser de la peine de mort rendue trop commune, et de la trop grande égalité de supplice que l'on admet aujourd'hui pour les divers coupables; ainsi que

de l'effet que pourraient avoir *certains appareils exté-rieurs* dans les exécutions, ou même la terreur que pourraient inspirer *certaines exécutions secrètes.* —

(25) Personne sans doute ne niera cette vérité, que l'imprimerie a complètement changé l'univers. Elle fut inventée à Mayence dans le 14me siècle ; et le premier livre fut imprimé à Harlem. Aussi dès le quinzième siècle, tout prend une nouvelle face. Les sciences, les arts, la philosophie, la physique, l'astronomie, les mœurs des peuples, les usages, etc., changent du tout en tout. — Quand au milieu de tant de changements j'entends dire que l'on conserve aujourd'hui toutes les institutions religieuses, et la morale publique du douzième siècle ; je ne puis m'empêcher de rire. —

(26) La *Bonté* est éminemment le *partage*, et, pour ainsi dire, le *caractère distinctif* de la Famille des Bourbons. L'Europe le sait! — Quel contraste, nos excellents Princes, ne font-ils pas, avec tous ces hommes de sang, que l'on a souvent appelés des héros et des conquérants. —

(27) Il faut se rappeler ici, que M. de Thou *compte Luther lui-même au nombre* de ceux des Prêtres à qui il reproche d'avoir contribué aux divisions qui ont eu lieu parmi les Chrétiens. —

(28) M. de Thou est sans doute bien éloigné de nier ici les pëiues éternelles des méchants ; mais il pensait, comme aujourd'hui l'abbé de la Menais, que les châtiments ne sont qu'une suite nécessaire du crime ; qu'ils sont dans la nature même des choses ; et qu'il est inutile de faire de Dieu le *Bourreau de ses Créatures.*

(29) Quelle contradiction de la part de ces Papes, qui tout en soutenant que les Princes régnaient au nom de Dieu, dont ils tiennent leur puissance; leur ravissaient leurs couronnes au nom de ce même Dieu ! =

(30) Je prends cette dénomination dans le même sens qu'Homère, quand il appelle les Rois Ποιμενες Ανθρωπων. On voit par là, qu'elle est assez ancienne. Henri IV a dit dans le même sens, *Je suis le Roi Berger; ils ne sauraient faire du mal à mes Brebis.* =

(31) On s'est souvent attaché à représenter la guerre, comme la plus belle chose du monde. On a chanté, en prose et en vers, les victoires et les faits d'armes. On en a rendu d'immortelles actions de grâces au Créateur. Que dis-je ? On est allé jusqu'à donner à cet Être infiniment bon lui-même, le titre pompeux de *Dieu des armées;* sans se douter que l'Écriture parle plutôt de légions d'*Anges,* que de légions d'*hommes destinés à s'entre-détruire.* Il me semble qu'aujourd'hui, à la suite d'une révolution si sanglante, et qui a ébranlé toute l'Europe, on ne ferait pas mal de changer ce mot de *guerre,* en celui de *Plébicide.* Cela pourrait servir à rectifier un peu nos idées à cet égard. Après tout, qu'ont été la plupart de nos guerres, si ce n'est de *véritables Plébicides?* Prenez l'ensemble des malheurs qu'une guerre entraîne; rappelez-vous que ceux qui restent sur le champ de bataille, sont en plus petit nombre, et moins à plaindre, que les infortunées victimes que moissonnent dans les familles paisibles, les inquiétudes, les chagrins et la faim : et osez la déclarer d'un trait de plume ! je vous en défie! = Je connais des Princes, ennemis de toute

guerre, et plus avares du sang de leurs plus cruels ennemis, que de leur propre sang : Combien j'aime ces Princes! combien je les chéris! — Je connais aussi une nation en Europe, où il s'est établi des Sociétés dites *de la Paix perpétuelle* : Combien j'aime cette nation! combien je la révère!

(32) Un Ministre qui remplit bien ses devoirs, a rarement des envieux : et celui qui ne les remplit pas, n'en devrait point avoir du tout.

(33) Y aurait-il tant de mal que nos hommes d'État s'occupassent aussi un peu de Théologie et de Morale par état? On s'occupe bien de Politique à Rome. — Pourquoi séparer si fort ces deux choses? L'Église n'est-elle pas dans l'État? et le moral n'a-t-il pas une terrible influence sur le physique d'une nation? — Disons-le, tout est petit chez nous, à côté de ces scènes majestueuses que présentaient chez les anciens, ces fêtes, à la fois, religieuses et nationales!

(34) On attribue assez généralement 1 a *bonté* aux Allemands. Je crois néanmoins pouvoir dire que les Français ne sont pas moins bons. Mais ils joignent à cette *bonté*, une heureuse *vivacité*, qui, bien qu'elle les expose à quelques écarts passagers, n'en est pourtant pas moins, une qualité *inappréciable*. De là vient, et personne ne peut le nier, que ce sont les Français qui depuis bien long-temps ont donné le ton à l'Europe, et qu'ils le donnent encore aujourd'hui. Je ne crains qu'une chose: c'est qu'ils ne perdent sous peu cette belle supériorité, s'ils ne sont pas aussi les premiers à mettre la morale publique, ou les institutions religieuses, à la hauteur du siècle.

(35) Comme nous l'avons déjà vu, les générations diverses ont une influence physique et morale, les unes sur les autres. Elles peuvent dégénérer et se rétablir. Mais ce n'est que bien lentement que de semblables changements s'opèrent.

(36) Personne n'a plus d'horreur que moi, des conspirateurs. Mais je crois le jeune de Thou entièrement innocent sous ce rapport : voilà pourquoi, j'ai rappelé ici son souvenir. Louis XIII savait lui-même combien ce jeune seigneur lui était attaché. Avant son départ pour le Midi, il l'engagea expressément et avec une bonté infinie, à le venir voir dans cette contrée; lui rappelant les cent lieues qu'il n'avait pas hésité de faire une fois, pour voir, seulement pendant une heure, un des Princes de sa Famille.

(37) Deux ou trois fois, j'ai attribué à M. de Thou, des idées qui ne se trouvent point expressément dans ses Écrits. Mais elles sont une suite nécessaire de ses principes; et c'est la lecture de ses ouvrages qui me les a inspirées.

(38) Puisque je ne veux pas que l'on arrête *irrévocablement* les principes de la Morale publique; à plus forte raison blâmerais-je la même mesure, en fait de Politique civile. Quelque parfaite que soit notre Charte; tous ses articles doivent toujours demeurer, susceptibles d'être modifiés ou changés *en mieux*, par le concours des pouvoirs légitimes. Pourvu que *le corps* de cette belle Constitution nous reste, elle sera toujours le *Palladium* du bonheur de la France.

(39) C'est sous ce *glorieux surnom* que Louis XVIII devrait être connu un jour (le plus tard que possible

s'entend) de la postérité. Il lui est plus personnel que celui de *Désiré* ; lequel ne marque qu'une disposition des cœurs français à son égard. ⹂

(40) Je crois que dans un certain laps de temps, on pourra dire, avec vérité, qu'il n'y a plus ni Allemands, ni Français, ni Italiens, ni Espagnols ; mais uniquement des *Européens*. L'Europe va n'être plus qu'une même nation ; plus unie que ne l'étaient autrefois les provinces d'un même État. La Sainte Alliance a commencé à opérer cette grande union des peuples pour le *civil* : Plût à Dieu, qu'elle le fit aussi pour le moral ! La *Vérité* est aussi *une*. Pourquoi tant de *variétés* qui la détruisent ? ⹂ Ce qui est vrai en Russie, peut-il être faux en Italie ? ⹂ Quand pourra-t-on se persuader, que le dernier ouvrier est aujourd'hui attentif, aux contradictions que l'Europe offre encore sous ce rapport ? ⹂

(41) Je suis bien persuadé que l'Académie ne s'arrêtera pas aux opinions qui peuvent m'être particulières ; que son Jugement portera principalement, sur l'ensemble et sur l'ordonnance du Discours ; et qu'elle laissera à d'autres, le soin de justifier mon Épigraphe. ⹂

FIN DES NOTES.

9 782014 040371